QUATRE-VINGTS
SOLFÈGES MÉLODIQUES

POUR

L'ÉTUDE ÉLÉMENTAIRE DE LA LECTURE MUSICALE

ET LES

PREMIERS DÉVELOPPEMENTS DU GOUT ET DU STYLE

PAR

ADOLPHE SAMUEL

Commandeur de l'Ordre de Léopold, Directeur du Conservatoire Royal de Gand, Membre de l'Académie Royale de Belgique et du Conseil de perfectionnement de la musique, etc.

OUVRAGE ADOPTÉ PAR LES CONSERVATOIRES ROYAUX DE BRUXELLES, DE LIÈGE ET DE GAND.

PRIX :

L'ouvrage complet	**8** francs net
1re Partie	**3** —
2e Partie	**3** —
3e Partie	**3** —

PARIS, PAUL DUPONT, ÉDITEUR

4, rue du Bouloi, 4

LONDRES, CHEZ LAFLEUR & SON, GREEN STREET, LEICESTER SQUARE

Propriété pour tous pays

1893

Voici un ouvrage qu'il me semble indispensable de voir paraître.

Il ne manque pas d'excellents recueils de solfèges pour le degré supérieur. Plusieurs ont même un caractère très artistique. Tels, entre autres, les solfèges autographes d'Arnaud, les élégantes transcriptions d'airs de J.-S. Bach si habilement faites par Gevaert, celles de Conrardi et de Hutoy, mais surtout les belles leçons de concours d'Ambroise Thomas et les remarquables solfèges de Radoux.

Il n'en est pas de même pour les degrés inférieurs. Les auteurs, préoccupés avant tout de faire surmonter aux élèves les primordiales difficultés d'intonation et de mesure, n'ont pu écrire que des sortes d'exercices. Ils ont ainsi fatalement perdu de vue que l'on ne forme des musiciens qu'en leur faisant faire de la musique. Les solfèges élémentaires de Soubre sont peut-être le seul ouvrage de ce genre où il y ait vraiment plus que des alignements de notes. Quel que soit d'ailleurs le talent ou l'habileté du compositeur, il ne pourrait, d'une haleine, écrire un grand nombre de morceaux faciles, d'une tessiture très restreinte, telle qu'il le faut pour les voix d'enfants, et présentant cependant toujours quelque intérêt musical.

Si, néanmoins, je pense que le présent recueil offre cet intérêt, c'est que j'ai mis plus de vingt ans à l'écrire : il est formé, en majeure partie, des leçons que j'ai eu à composer chaque année pour les concours des classes inférieures de solfège du Conservatoire de Gand ; leçons que j'ai réunies, classées dans un ordre progressif, et auxquelles — afin que cette progression fût constante — j'ai ajouté un certain nombre de morceaux nouveaux.

Ce sont ainsi, moins des solfèges — dans le sens habituel du mot — que des morceaux de différents caractères, sortes de *chants sans paroles*. Ces mélodies, tout en exerçant l'élève aux difficultés de l'intonation et du rythme, tendent surtout à éveiller son goût, à développer son entendement musical, ce qui importe le plus dans l'éducation du musicien. C'est ce qui, au début des études, est toujours le plus négligé. Et, cependant, n'est-ce pas en développant le sentiment artistique de l'élève que l'on arrivera le plus sûrement et le plus promptement à lui faire surmonter les difficultés techniques de son art ?

Je recommande donc aux professeurs de ne point se borner à faire chanter juste et correctement en mesure les morceaux de cet ouvrage ; mais de tâcher de les faire *dire*, en en tirant tout le parti expressif — parfois même dramatique — qu'ils comportent ; en un mot, de les faire non pas seulement solfier, mais *interpréter* par l'élève.

Adolphe Samuel.

80 SOLFÈGES MÉLODIQUES

ADOLPHE SAMUEL

№ 2

Larghetto espressivo.
mp
Larghetto espressivo.
p
staccato sempre.
cresc.
cresc.
riten. poco.
p
p
a Tempo.
p
a Tempo.
dim.
pp
staccato sempre.

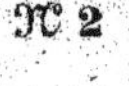

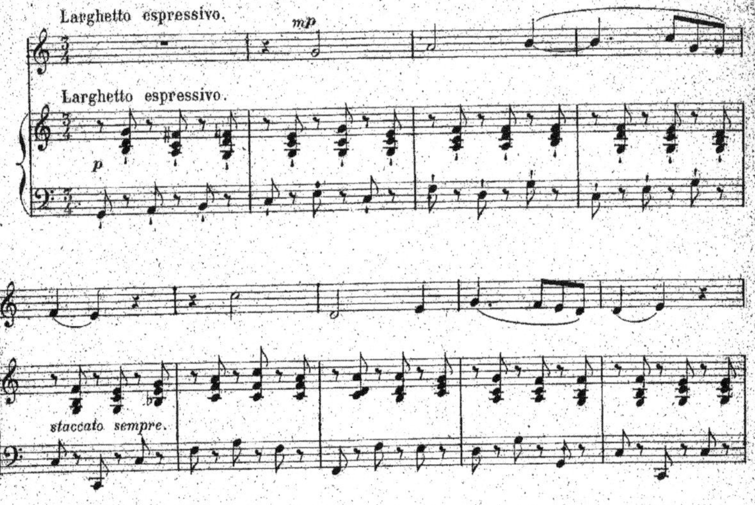

cresc.
mf
cresc.
sf
cresc.
p
dim.
sf
smorzando.
N 3
Allegretto vivace e con spirito.
p
Allegretto vivace e con spirito.
p
mf
sf

4
cresc.
rf
rf
cresc.
rf
espress.
rf
cresc.
p
cresc.
p
cresc.
cresc.
p
f
p
dim.
dim.
pp
P. D. 1214.

№ 4
Andante. 
p
Andante.
mp dim.
p
pp
riten. poco.
a Tempo.
cresc.
p
a Tempo.
riten. poco.
p
cresc.
sf
dim.
p
p
pp
p
riten.
dim.
P. D. 1114.

№ 5

Allegretto vivace.
P leggiero.
Allegretto vivace.
p
vf
p
p
mp
mp

cresc.
rf
cresc.
cresc.
cresc.
dimin.
pp
dimin.
pp
rf
cresc.
rf
rf

dim.
pp morendo.
№ 6
Andante sostenuto.
p
Andante sostenuto.
p
sf
mp
dim.
p
Ped.
rf
mf
cresc.

cresc
sf
pp
sf.
cresc.
f
p
pp
sf
pp
ppp
pp
cresc.
sf
rf
cresc.
cresc molto.
f
f
p dim.
ff
p dim.
Ped.

N° 7
Andante con moto.
p
Andante con moto.
espress.
mf
p
pp
naïvement.
p
mf
dim.
mf
pp
p
mp
mf
mp cresc.

p
pp
pp
cresc.
f
dim.
cresc.
f
pp
Lento, pp
a Tempo.
Lento,
a Tempo.
mf
N° 8
Allegretto con moto.
P gaiement.
Allegretto con moto.
gaiement.
p

cresc.
p
pp
cresc.
cresc.
espress.
mp
cresc.
rf
mp

14
p
f
p
p
f
f
p
rf
p
mp
p
mp espress.
dim.
rit.
rit.
a Tempo.
pp
B. D. 1444.

№ 9

Andantino con moto, quasi Allegretto.
Andantino con moto, quasi Allegretto.
p
dim.
dim.
cresc.
p
cresc.
dim.
p
pp
leggiero.
pp
sfpp
mf cresc.
f cresc.
sfpp
mp
cresc.
cresc.
f

dim. pp sf cresc.
mp dim. p pp sf cresc.
dim. pp riten. poco. a Tempo.
riten. poco. a Tempo.
dim. p dim. pp morendo. ppp
№ 10
Andante non troppo lento.
p
Andante non troppo lento.
p
cresc.
cresc.

dim
dim.
pp dim.
p
pp
ppp
pp
pp
rf
mf
cresc.
pp
rit.
a Tempo.
rf
a Tempo.
pp
morendo.

№ 11

dim.
rit.
rit.
dim.
PP morendo
N° 12
Andantino con moto. 
p
Andantino con moto.
p
p
sfp
sfp
sf
p
cresc.
p
cresc.

20
V. D. 1114.

№ 13

Moderato.
Moderato.
mp
p
rf poco.
p
rf poco.
rf poco.
rf p
mp
cresc. poco.
mp
p
cresc. poco.
mf
cresc.
cresc. mp
rf
cresc.

cresc.
f
cresc.
mf
f
sf
p
cresc.
p
pp
cresc.
mf
p
rf
rf
mf
pp

cresc.
cresc.
mf
p
più P rit.
a Tempo.
a Tempo.
dim.
rit.
pp
№ 14
Andante moderato.
mf
p
Andante moderato.
mf
sf
pp
sf
sfp
pp
ppp

24
P. D. 1114.

cresc.
espress.
m.g.
ppp
cresc.
cresc.
f
rit.
morendo.
p
cresc.
mf
rit.
morendo.
pp
f
№ 15
Assai moderato e cantabile. 
p
Assai moderato e cantabile.
p
2/4
2/4
p
pp

p
cresc.
sf
mf
p
cresc.
mf
cresc.
p
dim.
pp
cresc.
dim.
p   rit.
rit.
morendo.
pp
№ 16
Allegro spiritoso.
p
Allegro spiritoso.
p

cresc.
p
cresc.
p
cresc.
cresc.
f
p
cresc.
cresc.
f
p
mp
p
pp
p
cresc.
p

p
cresc.
vf
pp
p
mf
rf
mf
rf
mp
dim.
dim.
dim.
dim.

№ 17

Andantino con moto.
p
cresc.
Andantino con moto.
p
cresc.
cresc.
p
dim..
pp
p
rf
rf
sf
cresc.
p
rit.
sf
p
mf
rit.

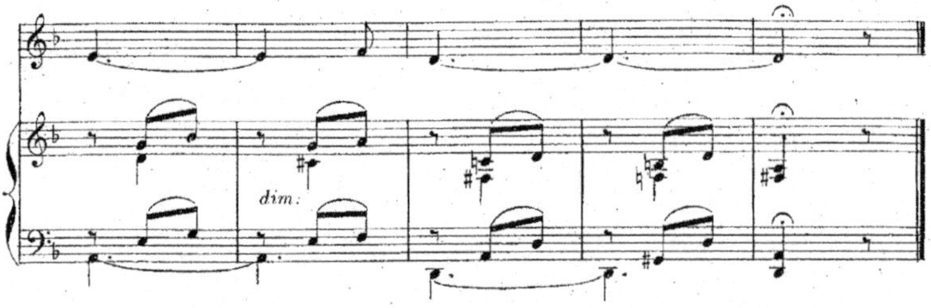
dim.

№ 18

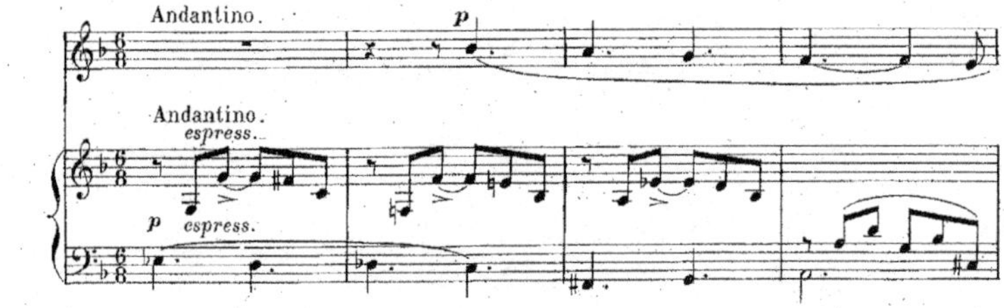
Andantino.
p
Andantino.
espress.
p
espress.
cresc.
rf
cresc.
p
mp
espress.
mp
espress.
p

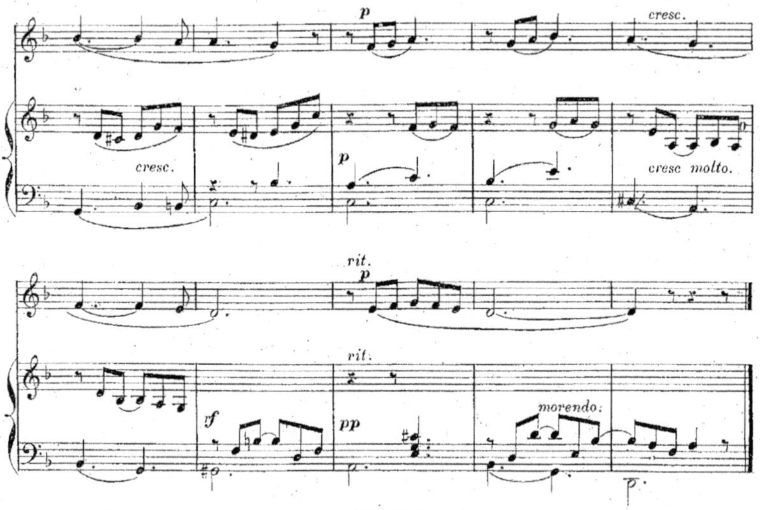
p
cresc.
cresc.
p
cresc molto.
rit.
p
rit.
rf
pp
morendo.

Nº 19

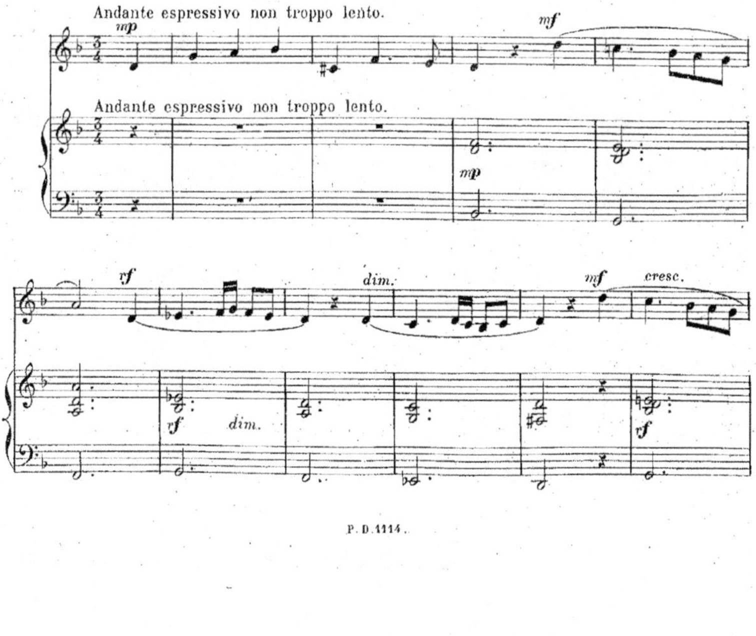
Andante espressivo non troppo lento.
mp
mf
Andante espressivo non troppo lento.
mp
rf
dim.
mf
cresc.
rf
dim.
rf

f
p
mf
mf
dim.
p
pp
pp
cresc.
nf
cresc.
rf
f
f
mf
dim.

p
mp
cresc.
f
poco meno.
poco meno.
mp
rf
rit.
rf
p
rf
pp
rit.
rf
morendo.
fp
p
pp
p
cresc.
mf

№ 20

Andante serioso quasi religioso.
mf
Andante serioso quasi religioso.
p
con Pedale.
rf
p
vf
p dim.
p
Ped.
lusingando.
p
p
mp
pp
cresc.
mf
mf
dim.
pp
con Ped.

p dolcissimo.
pp
ppp
cresc.
cresc.
Ped.
mf
f
f

mp
mf
cresc.
cresc.
p
dim.
pp
più. pp
pp
ppp
ppp
Ped.
№ 21
Andantino.
p
p
sf
p

mp cresc.
p
sf
mf
mp
p
p
sf
mf
cresc.
sf
mf
cresc.
sf
sf dim.
p

p
mp cresc.
p
rf
mf
p
rf
p
dim.
p
dim.
pp
p

Nᵒ 22

Allegro giocoso e vivace.
p
Allegro giocoso e vivace.
p
simile.
cresc.
dim.
cresc.
dim.
cresc.
cresc.

dim.
f
sf
dim.
f
f
p
p
cresc.
p
cresc.
p
cresc.
simile.
p
cresc.
cresc.
f
cresc.
sf
sf
sf
sf

p
sf
dim.
p
simile.
mp cresc
cresc.
p cresc.
f
p cresc.
f
ff
ff

Nº 23

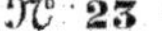

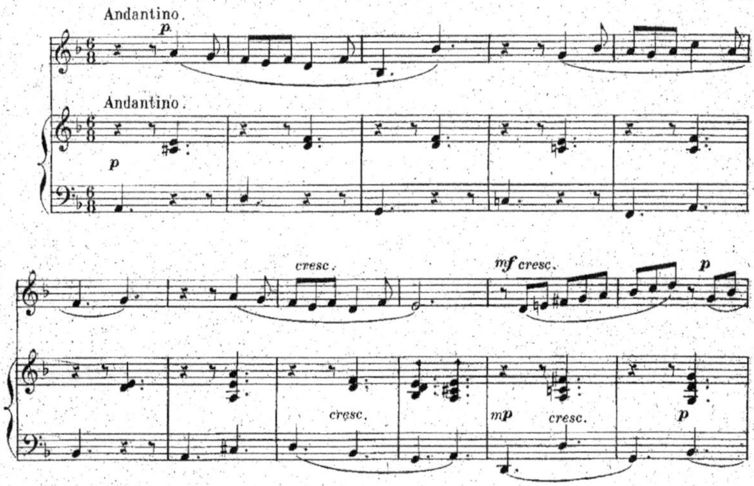
Andantino.
p
Andantino.
p
cresc.
mf cresc.
p
cresc.
mp
cresc.
p
mp cresc.
rf
dim.
mp
cresc.
rf
dim.
pp
p
dim.
pp

sf cresc.
p
mf
sf sf
mf
rf
rit. poco.
sf sf
p
dim.
p.
p.
№ 24
Allegro moderato.
p
cresc.
Allegro moderato.
p
cresc.
mf
p
cresc.
mf
pp
p
cresc.

mf
p
pp
mp
p
pp
cresc.
dim.
cresc.
dim.
p dolce.
cresc.
mf
p
cresc.
mp cresc.
cresc.
cresc.
f
p
mp cresc.
cresc.
cresc.
mf cresc.
p

morendo
espress.
p
N° 25
Andantino.
molto espressivo.
Andantino.
p
rf
rf
cresc.
mf
mf
P. D. 4114.

p poco rit.
a Tempo.
poco rit.
a Tempo.
mp
p
dim.
p
poco rit.
a Tempo.
P dolce.
a Tempo.
rit.
pp
mf cresc.
cresc.
rf cresc.
cresc.
f
rall.
pp morendo.
rall.
mf
p
pp
morendo.

№ 26

Andante cantabile.
Andante cantabile.
cresc.
cresc.
cresc.
cresc.
p
p
p
p
pp
pp
pp
mf
mf
rf
sf

p cresc.
f
p
p cresc.
pp
cresc.
cresc.
mp
p
pp
dim.
pp
dim.
morendo.

№ 27

Allegretto.
mp
Allegretto.
mf
cresc.
mp
p
cresc.
p
cresc.
rf
p
cresc.
rf
p
pp
mf
mp

rf
p
rf
dim. molto.
pp
Ped.
pp
cresc.
mf
cresc.
cresc.
mf
f
cresc.
cresc. molto.
mf

poco f
mp
dim.
f cresc.
p
Ped.
Ped.
Ped.
Ped.
p dim.
dim.
morendo.
ppp
Ped.
Ped.
№ 28
Andante con moto.
p dolente.
Andante con moto.
p
cresc.
cresc.

p
pp
cresc.
cresc.
dim.
p
p
p
pp
cresc.
cresc.
sf cresc.

cresc.
cresc.
dim.
pp
cresc.
pp
cresc.
rf
f
dim.
p riten.
a Tempo.
a Tempo.
mf dim.
riten.
pp
dim.
№ 29
Allegretto scherzando e vivace.
p
Allegretto scherzando e vivace.
p

54
dim.
dim.
mp
cresc.
pp cresc.
cresc.
cresc.
cresc.
P.D.1114.

dim.
p
dim.
p
mp poco cresc.
sf
p
mp poco cresc.
sf
sfp
cresc.
cresc.
cresc.
cresc.

cresc.
f
cresc.
dim.
sf
rf
mf
cresc.
p
p
cresc.
rf cresc.
cresc.
rf
p
rf
p
dim.
morendo.

№ 30

Allegro quasi marziale.
mp
mf
Allegro quasi marziale.
p
cresc.
f
mf
cresc.
p
p
pp

cresc.
p
rf cresc.
p
p
dim.
pp
cresc.
mf cresc.
f
cresc.
f
p
pp

№ 31

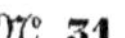

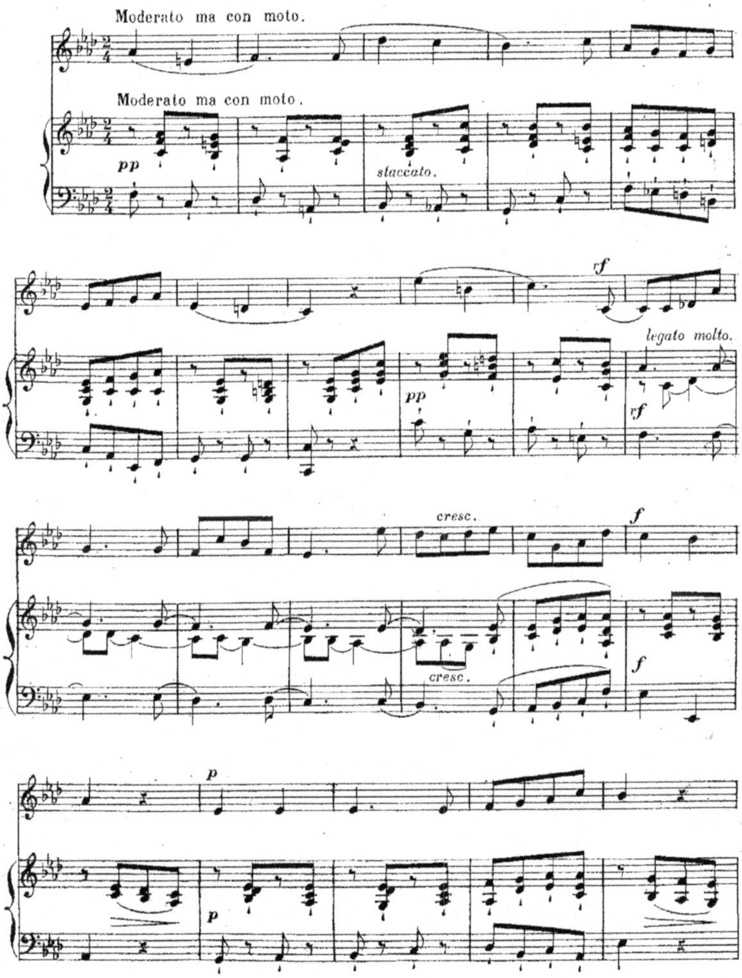
Moderato ma con moto.
Moderato ma con moto.
pp
staccato.
rf
legato molto.
pp
rf
cresc.
cresc.
f
f
p
p

p
dim.
pp
pp
dim.
ppp
p
p
cresc.
cresc.
cresc.
cresc.
rf
sf
p
dim.
sf
sf
p
dim.
pp morendo.

№ 32

Larghetto molto espressivo.

pp
cresc.
cresc.
cresc.
Affrettando poco.
a Tempo.
mf
cresc.
cresc.
sf
Affrettando poco.
a Tempo.
mf
cresc.
cresc.
sf
p
sf
f
cresc.
dim.
sf
p
f
cresc.
p
pp
sf

Affrettando.
cresc.
cresc.
a Tempo.
mf
p
Affrettando.
a Tempo.
mf
pp
cresc.
dim.
rit.poco.
dim.
rit.poco.
a Tempo affrettando.
p
cresc. molto.
a Tempo affrettando.
p
cresc. molto.

sf
cresc.
f
dim.
p
riten.
a Tempo.
riten.
p
p morendo.
№ 33
Allegretto vivace.
p con spirito.
Allegretto vivace.
p

cresc.
sf rit. poco.
a Tempo.
p leggiero.
a Tempo.
sf rit. poco.
p
pp
rit.
poco. rf
p a Tempo.
rit.
a Tempo.
pp
poco rf
pp
pp
sf
p
dim.
pp
sf
pp
Più lento.
p
mf largamente.
rit.
Più lento.
p
mf
p
dim.
pp

a Tempo.
a Tempo.
rf
pp
rf
Poco lento.
poco rit.
dimin.
Poco lento.
pp
poco rit.
sfp
sfp
ppp
N° 34
Allegretto vivace e rustico.
sfp
sfp
Allegretto vivace e rustico.
p
sfp
sfp
sf
sf
f
p
rit.
rit.
sfp
sfp
mf
p

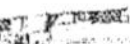

a Tempo.
mf sf sf
a Tempo.
mf sf sf sf mf
p p
sf p p
cresc. f
cresc. f vf
p pp
sf p pp ppp

p
f
pp
pp   rit.
pp   rit.
ppp
№ 35
Allegretto.
p
Allegretto.
p
cresc.
cresc.
p
p

mf
p cresc.
rit.
p a Tempo.
rit.
a Tempo.
mf
p
pp
vf cresc.
vf cresc.
p
pp
ppp

№ 36

Andantino.
p
Andantino.
p
pp
cresc.
cresc.
rit. poco.
p a Tempo.
rit. poco.
a Tempo.
dim.
p
mf
sf

p
dim.
dim.
p
pp
Ped.
p
vf
pp
p
vf
pp
cresc.
cresc.
cresc.
cresc.
vf
morendo.
pp
Ped.
P. D. 4114.

№ 37

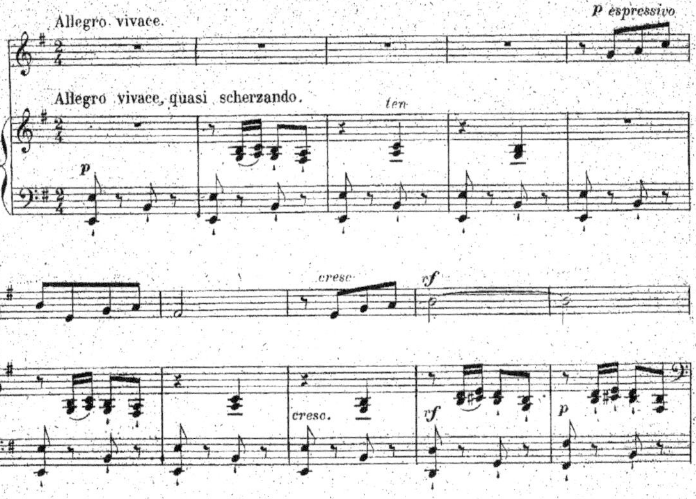
Allegro vivace.
p espressivo
Allegro vivace, quasi scherzando.
ten
p
cresc
rf
cresc.
rf
p
pp
pp
p
p
rf
cresc.
p
p
rf
cresc.
p
p

rf
cresc.
p
mp dolente.
rf
mp
cresc.
mf cresc.
cresc.
mf cresc.
cresc.
cresc.
f
sff
riten. molto.
a Tempo.
riten. molto.
a Tempo.
ff
fp
p
dim.
dim.

mf cresc.
mf
cresc.
p dim.
p dim.
pp dim.
ppp
No 38
Allegretto.
mp
Allegretto.
p
rf
p
cresc.
p

poco. rf
p
poco rf
p
cresc.
p
cresc.
cresc.
cresc.
p
p
cresc.
p
cresc.
cresc.
pp
cresc.
cresc.
pp
cresc.

cresc.
rf
p
p
dim.
rit.
rit.
dim.
morendo.

№ 39

Andante espressivo.
Andante espressivo.
p
pp
cresc.
p
mp
pp
mf
cresc.
cresc.
mf
cresc.
cresc.
f
cresc.
sf
f
p
cresc.

p
pp
p
p
pp
p
p
cresc.
cresc.
cresc.
f
p
rf
p
pp
rit.   dim.
rit.   morendo.

№ 40

Allegro giocoso.
mf
sf
cantabile.
Allegro giocoso.
p
cresc.
mp
cresc.
rf poco.
p
pp
pp
pp
cantabile.
pp
p

rit. poco. dim.
rf
mp
rf
a Tempo.
a Tempo.
mp
sf
p
cresc.
cresc.
p
sf
p
pp
p

№ 41

Moderato con moto, alla breve.
Moderato con moto, alla breve.
poco rf
cresc.
cresc.
cresc.
mf
cresc.
cresc.
mf
cresc.
p
rf
rf

P. D. 1114

84
sf p sf mp cresc.
sf mp cresc.
sf cresc.
sf cresc.
ff ff cresc.
ff ff cresc.
cresc.
sf
P. D. 1114.

cresc.
p
pp
più pp
cresc.
p dim.
p
pp
№ 42
Allegretto.
mp
Allegretto.
p
dim.
cresc.
poco f
dim.
p

p
p
cresc.
cresc.
p
cresc.
cresc.
dim.
mf
dim.
p
p
cresc.
pp
cresc.

riten.
riten.
pp
№ 43
Andantino.
p
sf
Andantino.
p
cresc.
p
cresc.
sf
sf
p
sf
sf
p
dim.
p
sf
p
dim.

p
cresc.
dim.
cresc.
sf
p
sf
cresc.
f
pp
cresc.
sf
sf
pp
cresc.
f
pp
cresc.
sf
f
sf

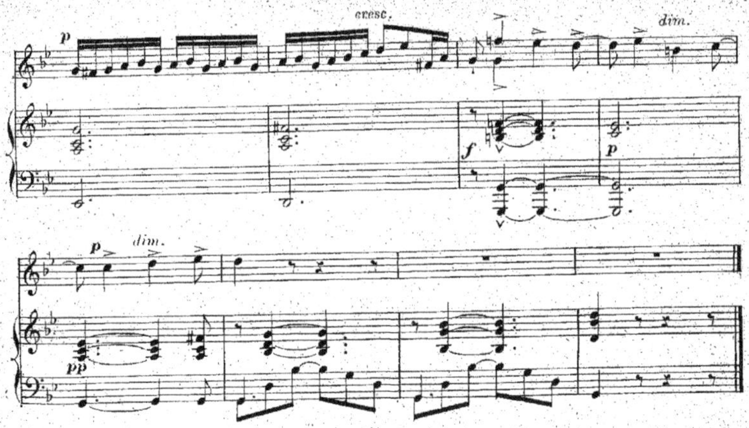
p
cresc.
dim.
f
p
p
dim.
pp

№ 44

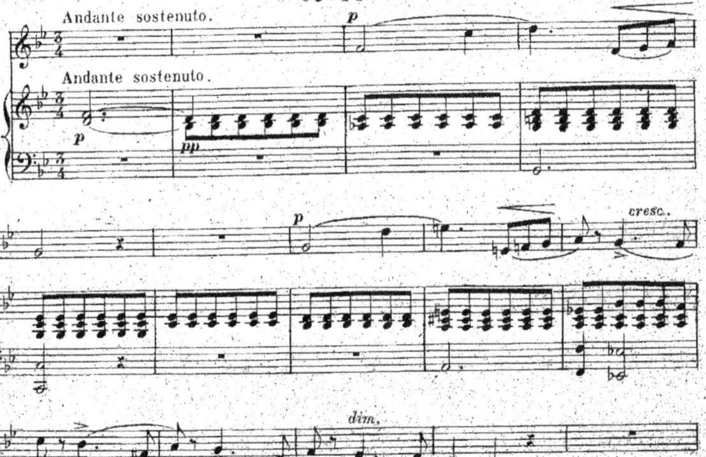
Andante sostenuto.
Andante sostenuto.
p
p
pp
p
cresc.
cresc.
dim.
dim.
p

pp
cresc.
f
pp
pp
cresc.
f
cresc.
cresc.
cresc.
cresc.
ff
p
Ped.
p
cresc.
p
rf
p
cresc.
p
p
f
p
sf
p

cresc.
rit.
a Tempo.
pp
a Tempo.
cresc.
rit.
fp
pp
Ped.
Ped.
pp
cresc.
pp
cresc.
dim.
rf
cresc.
p.
p.
p.
p
pp
p

dim.
morendo.
Ped.
pp
ppp estinto.
ppp
Nº 45
Andante.
Andante.
p
p
cresc.
rf poco.
p

cresc.
p
dim.
pp
cresc.
dim.
p
rf
p
cresc.
pp

cresc.
pp
cresc.
cresc.
p
pp
pp
cresc.
f cresc.
cresc.
f
cresc.
ff
dim.
p morendo.
f
p
dim.
pp morendo.

№ 46

Assai moderato ma appassionato.
mf
Assai moderato ma appassionato.
p
cresc.
dim.
p
più p
vf
cresc.
dim.
p
dim.
poco rit.
pp
a Tempo.
mf
poco rit.
a Tempo.
pp
p
cresc.

p
pp
pp
p
cresc.
dim.
p
cresc.
mp
p cresc.
cresc.
p cresc.
p
cresc.
cresc.
p

riten. poco.
a Tempo.
p
p
a Tempo.
pp
rit.
pp
cresc.
pp
cresc.
morendo.
pp
№ 47
Presto scherzando, molto vivace.
P legg.
Presto scherzando, molto vivace.
P legg.
P

poco cresc.
p
poco cresc.
p
mf
cresc.
mp
cresc.
cresc.
p
mf
p
sf
sf
sf

f
mf
f
mf
Ped.
mp
sf
rf
sf
più f cresc.
sf
cresc.

p p
p
f
p
dim.
p
rf
rf
vf

p
p
p
sf
sf
p
rf
mf
Ped.
p,
dim.
p
dim.
Ped.
pp
dim.
pp
dim.

№ 48

Quasi adagio. (in modo di un recitativo.)
p
mp

Quasi adagio.
pp
p
sf

ben misurato.
p
mp
cantabile.
p

p
p poco rit.
poco. rit.
pp
p

poco animando.
cantabile.
poco animando.
mp
pp

cresc.
cresc.
a Tempo.
p
a Tempo.
cresc.
cresc.
mf
pp
più. p
Affrettando.
Affrettando.
p
pp
cresc. poco
mf cresc.
f
a Tempo.
pp
f
a Tempo.
a poco.
mp cresc.
pp
f
pp
riten.
a Tempo.
riten.
a Tempo.
pp
ppp

№ 49

Allegretto scherzevolmente e leggiero.
p
poco sfp
poco sfp
Allegretto scherzevolmente e leggiero.
p
sfp
sfp
mp
mp
sf
mf
mf
cresc.
p poco slentando.
cresc.
poco slentando.
f
p
cresc.

cresc. molto ed animando.
pp
f riten. sff
riten.
pp
cresc. molto ed animando.
Tempo 1º
p
sfp
sfp
Tempo 1º
sfp
sfp
mp
mp
sf
sf
pp
pp

cresc. molto.
cresc. sempre.
cresc. molto.
f cresc.
pp
cresc.
f
ppp
№ 50
Moderato appassionato.
p
Moderato appassionato..
mp
p
p
mf
cresc.
cresc.
cresc:
rf
cresc.

f
p
mp
mf
sf cresc.
mf
sf cresc.
p
dimin.
sf cresc.
mp cresc. sf
p dimin.
cresc.
f
p
cresc.
f
p
pp
mf cresc.
f
mf cresc.
f

pp
cresc.
dimin.
pp
cresc.
a Tempo.
p poco rit.
ff
p
poco calando.
a Tempo.
poco calando.
p poco rit.
cresc.
f
p
pp dimin.
morendo.
pp
riten.
riten.
estinto.
p.
№ 51
Allegretto vivace.
p
Allegretto vivace.
p
pp

pp
Ped.
p
p
Ped.
p
p
p
marcato.

110
mp
3/4
rf cresc. poco a poco.
cantando.
cresc.
cresc.
Ped.
f
2/4
mf cresc.
Ped.
dimin.
pp
dimin.
pp
P.D.1114.

mp
Ped.
mp
mf
mf
cresc.
cresc.
cresc.
f
f

morendo.
№ 52
Andantino piacevole.
mp
Andantino piacevole.
mp
pp
p
mp
pp
p
pp
p
pp

cresc.
rf
dim.
mp
pp
p
mp
rf cresc.
p
cresc.
vf
f
p
f
p
vf

cresc. rf
p
p
mf
mf
dim.
p
cresc.
cresc.
f
mp dim.
f
p dim.
№ 53
Allegro animato.
p
Allegro animato.
p

poco rinf.
p
cresc.
cresc.
P con spirito.
p
p
p
p
p
p
sf
P. D. 1114.

sf
cresc,
p
cresc.
mf
mp
p

dimin.
p
cresc. molto.
dimin.
p
cresc. molto.
f
cresc.
f
f
mp
dim.
mp

canto.
cresc.
cresc.
mf
mp
cresc.
f
p

Cantabile espressivo.
Cantabile espressivo.
p
p
p
p
f
p
espress. dolente.
mf
p
pp
mf
p
rinf. poco.
cresc.
espress. dolce.
pp
p
dimin.
dimin.
p

p
pp
mf
cresc.
largamente.
cresc.
f
espress.
largamente.
rf
cresc.
f
p
dim.
riten.
p morendo.
pp
Allegro scherzando.
p
Allegro scherzando.
p
№ 55

p
p
poco cresc.
cresc.
mp cresc.
mp cresc.
f
f

122

mf
cresc.
f
mf
cresc.
f
sf
mp
p
mf
p
mp
cresc.
mp
cresc.

cresc molto.
mf
cresc. molto.
dim.
mp
cresc.
rf cresc.
cresc.
rf cresc.
f
p
f
p
cresc.
cresc.

rf
dim.
p
dim.
pp
sf
p
dim.
morendo.
morendo.
sf

№ 56

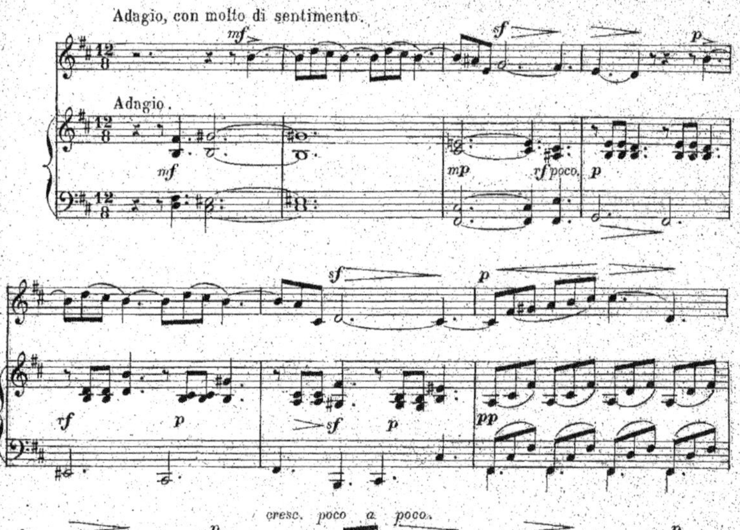
Adagio, con molto di sentimento.
Adagio.
mf
sf
p
mp
rf poco.
rf
pp
cresc. poco a poco.
espress.
cresc.
sff

N° 57
Allegro non troppo.
Allegro non troppo.

rf
cresc.
p
rf poco.
p
p
cresc.
pp
cresc.
mf
cresc.
mf
rf
cresc.
mf
p
f
p
f
f
f
f
f
f

p
cantabile.
p
pp
pp
dimin.
pp
più p
morendo.
morendo.
№ 58
Andantino.
p
Andantino.
poco cresc.
p

sf
pp
p
cresc.
p
cresc.
dim.
sf
cresc.
p
cresc.
cresc.
p
cresc.

riten. poco.   dimin.
riten. poco.
dimin.
p
№ 59
Vivace ma non troppo vivo.
p
Vivace ma non troppo vivo.
p
cresc.
p
sf
pp
mp
p
p

rf
cresc.
p
sf
cresc.
p
pp
pp

№ 60

Moderato.
Con moto agitato.
Moderato.
Con moto agitato.
p
pp
cresc. poco.
p
cresc.
mf
cresc.
dim.
p
m.g.
cresc.
p
cresc.

cresc.
dim.
riten. molto.
a Tempo agitato.
cresc. poco.
a Tempo agitato.
cresc.
dim.
cresc.
dim.
cresc.
sf
dim.
dim.
pp

N° 61

Adagio sostenuto.
p
cresc.
p
Adagio sostenuto.
p
sempre ben legato.
cresc.
p
Ped.
Ped.
mp
p
cresc.
mp
p
cresc.
p cresc.
p dim.
p cresc.
p dim.
poco piu mosso.
mp
poco più mosso.
mp
marcato.

cresc.
cresc.
cresc.
cresc.
f
sf
dim. riten.
marcato.
f riten.
a Tempo.
p
a Tempo.
p
cresc. molto.
cresc. molto.

f
p
mf dim.
p
pp
riten. poco.
riten. poco.
dim.
pp
dim.
morendo e calendo.
dim.
morendo e calendo.
ppp

№ 62

Allegro non troppo.
p
Allegro non troppo.
p
cresc:
cresc.
p
mf
p
p
P. D. 1114.

cresc.
cresc.
pp
mf
p
dimin.
pp
rf
cresc.
rf
cresc.

pp
dimin.
pp
cresc.
f.
p
p
cresc.
cresc.

cresc. poco a poco.
cresc. poco a poco.
cresc.
cresc.
cresc. molto.
cresc. molto.

f
p
dimin.
dimin.
morendo.
ppp
№ 63
Andante con moto e molto sentimento.
mf
mf
p
Andante con moto e molto sentimento.
mp
sf
sf
p
pp
mp
cresc.
p
mf
cresc.
pp
mp
cresc.
p
mf
cresc.

p
mf
p
pp
rf
p
cresc.
mf
p
cresc.
p
cresc.
mf
p
cresc.
cresc.
sf
p
rf
p
poco rf
mP cresc.
mf cresc.
f
p
mP cresc.
mf cresc.
f
dimin.
pp

poco più tranquillo.
p
dimin. riten.
poco più tranquillo.
sf sf
p
dimin.
dimin.
riten.
pp
pp
morendo.
Nº 64
Vivace.
sfp
poco riten.
Vivace.
sfp
poco riten.
a Tempo vivace.
sfp
poco riten.
a Tempo.
sfp
a Tempo vivace.
sfp
poco riten.
a Tempo.
sfp

cresc.
p
sf
p
sf
mf
p
sf
p
mf
p
p
cresc.
cresc.
p
cresc.
sf
cresc.
sf
cresc.
p
cresc.
pp
Ped.
Ped.
Con pedale sempre.

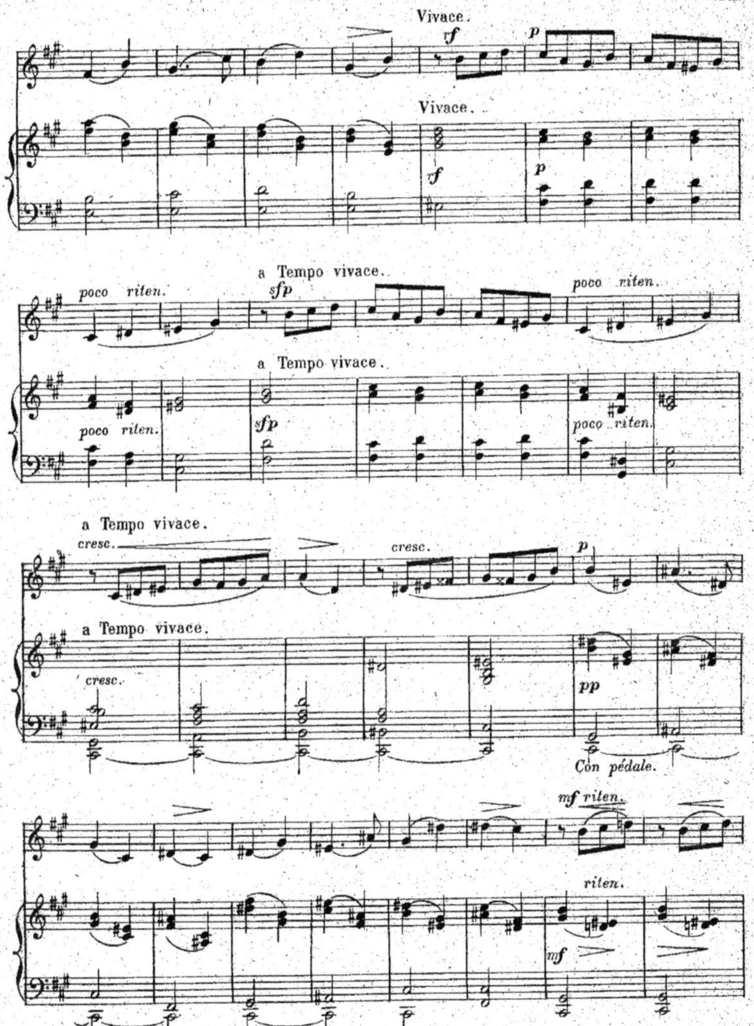
Vivace.
rf
p
Vivace.
rf
p
poco riten.
a Tempo vivace.
sfp
poco riten.
a Tempo vivace.
poco riten.
sfp
poco riten.
a Tempo vivace.
cresc.
cresc.
p
a Tempo vivace.
cresc.
pp
Con pédale.
mf riten.
riten.
mf

a Tempo.
p
sf
a Tempo.
p
pp
sf
p dimin.
pp
№ 65
Allegretto.
p
Allegretto.
p
p cresc.
p
cresc.

p
pp
espress.
espress.
rf
pp
dimin.
rf
rf
pp
cresc.
cresc.
cresc.
p
cresc.
p
cresc.
p
cresc.

poco riten. a Tempo. p
cresc.
poco riten. a Tempo.
cresc.
1
p
cresc.
f
p
cresc.
f
p
pp
p
pp
ppp
p dimin. riten. poco.
riten. poco.
morendo.
dimin.

№ 66

Andante moderato e serioso.
Andante moderato e serioso.
p
p
pp
mp
vf
mp
vf
pp
p
pp

poco rit. a Tempo.
p
pp
poco rit. a Tempo.
pp
pp
p
sf
cresc.
cresc.
sf
f
p
cresc.
cresc.
mf
p
cresc.
p
cresc.
p
p
cresc.
sf
p

№ 67

Andante sostenuto.
p
Andante sostenuto.
pp
poco. rf
p
poco. rf dim.
p
p
cresc.
p
dim.
cresc.
p
dim.
pp
cresc.
mf
pp
mf
dim.
pp
pp
pp
morendo.
ppp
P. D. 1414.

Nº 68

Allegretto vivace e leggiero.
mp
Allegretto vivace e leggiero.
mp
p ma sonore.
Ped.
p
p
dolce.
cresc.
vf
cresc.
rf
p
pp

P leggiero.
P leggiero.
stacc.
mf
mf
stacc.
p
p
mf
mf
p
rf
p

rf cresc.
f
rf
cresc.
mf
m.g.
mp
Ped.
m.g.
p
P. D. 1114.

№ 69

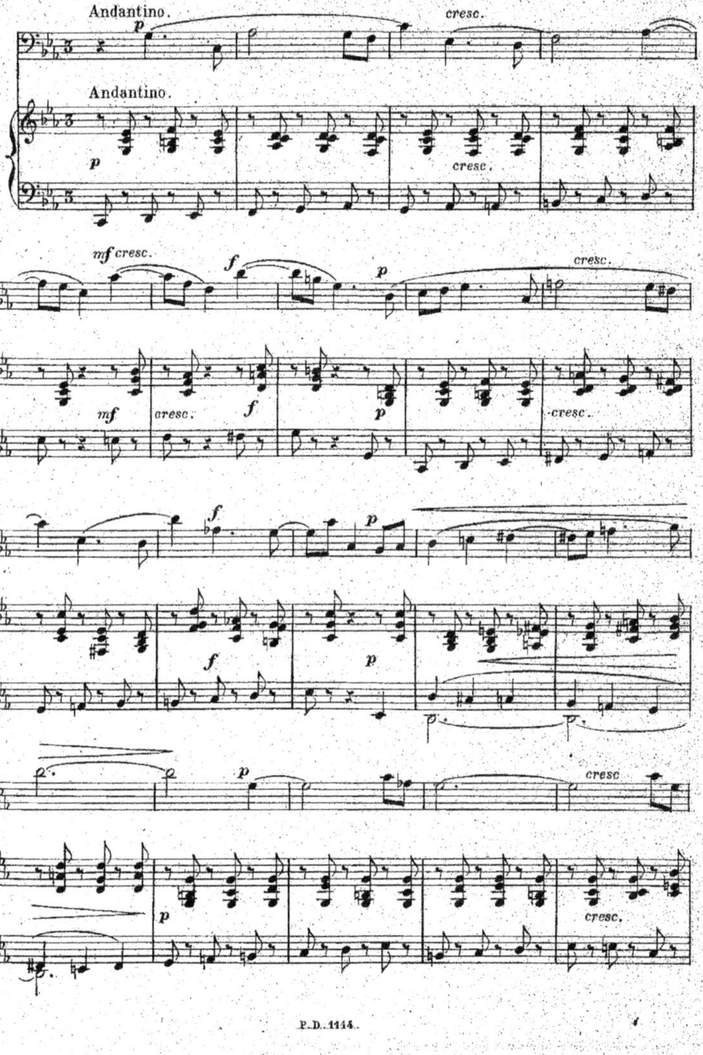
Andantino.
cresc.
Andantino.
cresc.
mf cresc.
cresc.
mf
cresc.
cresc.
cresc
cresc.

cresc.
cresc.
p
p
cresc.
p cresc.
p
dim.
pp
cresc.
mf cresc.
pp
cresc.
mf cresc.
f
p
f
f
dimin.
p dimin.

dimin.
dimin.
morendo.
№ 70
Andante sostenuto, con molto di sentimento.
p
cresc. poco.
Andante sostenuto, con molto di sentimento.
p molto legato.
cresc. poco.
p poco rit.
a Tempo.
p
poco rit.
a Tempo.
espress.
pp
mp
p
espress.
p
p
mp
mp
dimin.
p

pp
sf
p
rall.
rallent.
dimin.
espress.
pp
sf
p
pp
rf
a Tempo.
pp
p
a Tempo.
pp
espress.
p cresc.
mf canto.
pp
Ped.
Ped.
Ped.
Ped.
più pp
ppp
morendo.
riten.
Ped.
Ped.
Ped.

№ 71
Allegro energico.
Allegro energico.
f
p
cresc.
cresc.
stacc. sempre.
stacc.
f
sempre staccato.
f
p
P.D.1114.

182
stacc. sempre.
p
Ped.
f
f
f
ff
ff
Ped.
P. 1114.

mf
mp
cresc.
f
p
f
fp
p
Ped.
cresc.
cresc.
m.g.
Ped.
Ped.
Ped.
Ped.
sff
cresc.
ff
Ped.

ff
ff
ff
ff
Ped.
Ped.
Ped.
№ 72
Allegro scherzando.
p
Allegro scherzando:
p
staccato sempre.

№ 73
Allegro poco vivace, non troppo mosso.
Allegro poco vivace, non troppo mosso.
pp leggiero.

cresc.
rf
p
cresc. poco.
rf
pp
riten.
p
cresc.
rf
p riten.
pp
a Tempo.
p
mf
a Tempo.
p
mf
cresc.
cresc.
p
mf cresc.

dimin.
p
rf cresc.
p
dimin.
rf cresc.
marcato.
f
marcato.
f
f
dimin.
p
pp
p
pp
p
p
cresc. molto.

f
cresc.
dimin.
mp dimin.
cresc.
f
mp
p
più p
pp
p
dimin.
pp
ppp
№ 74
Moderato energico.
mf
Moderato energico.
mf

dimin.
p
cresc.
p
cresc. molto.
mf
dimin.
p
f
dimin.
p
pp
P.D.1114.

poco rit.
pp
dim.
dim.
poco rit.
dim.
pp
ppp
№ 75
Moderato.
p
Moderato.
p
cresc.
sf
p
sf
sf
sf
sf
dim.
cresc.
dim.
p
p
cresc.
dim.
p

172
cresc. molto.
f
pp
cresc. molto.
f
pp
sf cresc.
mf
p
sf cresc.
p
mf
f
pp
cresc.
mf cresc.
f
pp
P. D. 1114.

cresc.
dim.
p
p
cresc.
dim.
dim.
riten poco.
pp
riten poco.
dim.
pp
mf
Più lento.
a Tempo.
p
sf sf
Più lento.
a Tempo.
f
pp
morendo.
Nº 76
Adagio serioso.
p
Adagio serioso.
pp legato sempre.

poco cresc.
espress.
poco cresc.
vf
vf espress.
mp
p
dim.
pp
dim.
pp
ppp
cresc.
cresc.
p
cresc. rall.
f
a Tempo.
rall.
a Tempo.
pp
mf cresc.
f
smorz.
p
P. D. 1114.

№ 77

Andante espressivo.
p
Andante espressivo.
p
espress.
sf
cresc.
rf
rf
cresc.
mf
p
p
pp
pp
più. pp
pp cresc.
pp cresc.
Ped.

cresc.
mf
p
mp
cresc. sempre.
f
cresc.
cresc. sempre.
f
riten. poco.
p
dim.
a Tempo.
dim. riten. poco.
p espress.
rall.
pp più lento.
rall.
più lento.
pp
ppp
morendo.
Ped.
P. D. 1114.

Allegretto quasi scherzando
Allegretto quasi scherzando
cresc.
mf
p
cresc.
p
sonore.
cresc.
p
cresc.
cresc.
p
cresc.
mf
cresc.
mp
sf
cresc.

mf cresc
ff cresp
mf cresc
f cresc
cresc.
mf
dimin.
p
cresc
mf
dimin.
p
cresc.
mf
mp
cresc.
cresc.
mf
mp
cresc.
mf
cresc.
f
dimin.
p
cresc.
cresc.
mf
f
dimin.
p
cresc.
P. D. 1114.

cresc.
dimin.
p
dimin.
pp
morendo.
pp
morendo.
rf poco.
p
rf poco.
p
№ 79
Grazioso.
p
Grazioso.
dimin.
mp
p
più p
mp
pp
p

mf
mp
dimin.
sf
p
cresc.
cresc.
pp
cresc.
cresc.
mp
p
mp
p
P.D.1114.

pp
dimin.
cresc. molto.
pp
dimin.
cresc. molto.
f
p dimin.
cresc.
sf sf
p dimin.
pp
Nº 80
Andante. 
mf
Andante.
p
rf
P.D. 1114.

rf
cresc.
rf
P. dolce.
espress. ma dolce.
p
sf
Con pedale.
p
p
pp
pp
p
mf
espress.
rf

rf poco.
rf poco.
mf
dim.
pp
p
dimin.
pp
Con pedale.
ppp
Ped.
PAUL DUPONT Grav. Imp.
P.D.1114.